知っておきたい
障がいのある人のSOS
③

見えにくい人の SOS

[著者]
河東田 博

ゆまに書房

もくじ

① はじめに
　4

② どうして、目が見えにくくなるの？
　7

③ 目が見えにくい人のSOS
　12

④ 街に出て調べてみよう
　16

⑤ 目が見えにくい人のSOSを体験してみよう ... 20

⑥ 目が見えにくい人の経験を聴いてみよう ... 23

⑦ 目が見えにくい人も、社会参加を！ ... 27

⑧ 目が見えにくい人に「役立つ情報」 ... 30

⑨ おわりに ... 33

※本書の内容は、刊行当時のものです。

1 はじめに

目が見えにくい人のSOSとは？

この本は、目が見えにくい人たちが、こまっていること、
こまったときにどういうサインを出しているのか、
わたしたちはそのサインをどう受けとめ、どうしたらよいのか、
などについて書いたものです。
目が見えにくい人たちが出しているSOSのサインについて、
いっしょに考えてみましょう。

みなさんは、SOSって何だと思いますか？

目が見えにくい人たちは、目が見えにくいために、
こまっていることがたくさんあります。
こまったときに何かサインを出しているはずです。
そのときのサインはどういうサインなのか、
何を求めて出しているサインなのか、
もしわたしたちがそのサインを読み取ることができたら、
目が見えにくい人のこまっていることは、
かなり減るはずです。

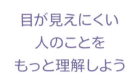

目が見えにくい
人のことを
もっと理解しよう

目が見えにくい人は、こまることがたくさんある

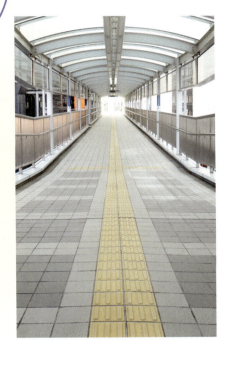

この本では、
目が見えにくいために、
こまって出しているサインのことを、
SOSとよぶことにします。
目が見えにくい人が出しているSOSを読み取り、
SOSを減らすようにするためには
どうしたらよいのか、を
いっしょに考えていきましょう。

SOSについて考えてみよう

みなさんは、「目が見えにくい」って、どんなことだと思いますか？
「目が見えにくい」と、どうなると思いますか？

「目が見えにくい」人たちは、

> どんなことに
> 不便を感じていると思いますか？

> どんなときに
> こまっていると思いますか？

> どんなSOSを
> 出していると思いますか？

「目が見えにくい」人たちは、
みなさんのまわりにも、
きっといると思います。

目が見えにくい人たちが、どんな生活をし、
どんなことにこまっているのか、どんなSOSを出しているのか、を
いっしょに考えてみましょう。

② どうして、目が見えにくくなるの？

目が見えにくくなる原因

みなさんは、どうして目が見えにくくなると思いますか？
考えてみましょう。

目の見えにくさは、
視力(しりょく)、視野、色覚など、
目にどのような障(しょう)がいがあるかによって
ちがいがあります。

視力に障がいがあると、
ぼやっとかすんで見えたり、
まったく見えなかったり、
遠くや近くが見えなかったりします。

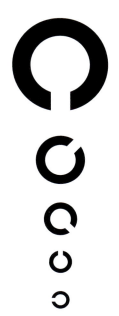

視力に障がいあると
見えなかったり
見えにくくなる

視野狭さくの
イメージ

視野に障がいがあると、見える範囲がせまくなって、
知らないうちに人やものにぶつかってしまうことがあります。

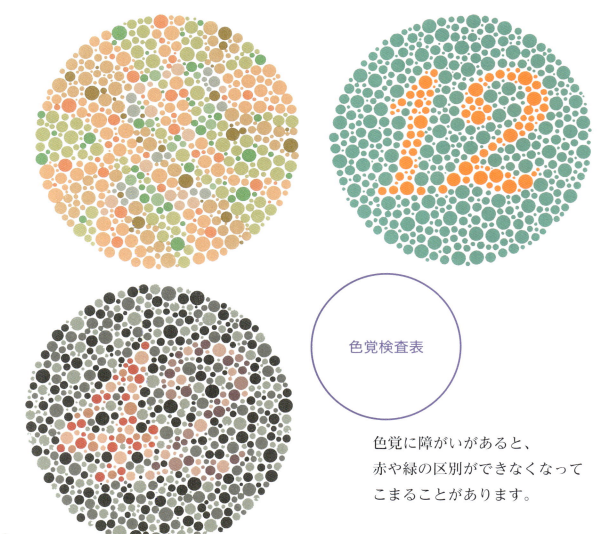

色覚検査表

色覚に障がいがあると、
赤や緑の区別ができなくなって
こまることがあります。

見えにくさは人によってことなる

目の見えにくさは、人によってことなります。視力の状態にちがいがあるからです。目の見えにくさや視力の状態のちがい、こまり具合などについて考えてみましょう。

> **① 全盲**とは
>
> 光を感じず、
> 目からの情報を使って
> 生活できない状態の
> ことをいいます。

視力の状態のちがいによって
全盲（ぜんもう）、弱視、ロービジョン
などとよばれています。

いずれも脳（のう）の視覚に関係する部分が
障がいを受け、
目が見えにくくなります。

> **② 弱視**とは
>
> 視力低下の原因が
> 視覚に関係する
> 脳の発達によると
> 考えられ、
> 目からの情報を使って
> 生活できる状態を
> さします。

> **③ ロービジョン**とは
>
> 視覚情報を
> ある程度使える
> 状態のことをさし、
> 目が見えにくい人の
> 多くをしめています。

目の見えにくさは
人によってちがいますが、
こまり具合や不便さに
それほどちがいはありません。

みなさんは、目が見えにくいと、
どんな不都合があると思いますか？
考えてみましょう。

キーン

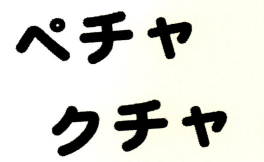
ペチャクチャ

すずしいかぜ

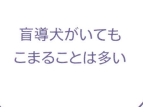
盲導犬がいても
こまることは多い

ピーポー

ピーピー

目が見えにくい人たちは、
どんなSOSを出していると思いますか？
考えてみましょう。

③ 目が見えにくい人のSOS

SOSはこんなにもある

目が見えにくい人のSOSは、たくさん見られます。
家の中や街の中で、目が見えにくい人に
どんなSOSが見られるかを考えてみましょう。

目が見えにくくて、こまったり不便なことがたくさんあります。
どんなSOSを出しているかを考えてみましょう。

目が見えにくい人たちは、次のようなことでこまっています。

ものの位置が
わからない
ことがある

どこに、何があるのか、がよくわかりません。
ものの位置関係がよくわかりません。
置き場所を変えられるとわからなくなります。

障がい物があると
道がわからなくなる

いつも通っている道でも、
通路にものをおかれると、
わからなくなってしまいます。

知らないところに
一人で行くことができません。
声をかけられても
どこのだれかがわかりません。

そのほかにも、
こまったり不便なことがたくさんあります。
このこまったり不便なことがSOSなのです。
こまったり不便なことは、人に伝わります。
いつもSOSを出しているからです。

目が見えにくい人のSOSを見かけたことがありますか？
それは、どんなSOSでしたか？　いっしょに考えてみましょう。

**安全に
歩くためには？**

どこに何があるのかが
わかるようにするために、
どうしたらよいでしょうか？

人や障がい物にぶつかることなく
安全に歩くためには、
どうしたらよいでしょうか？

SOSを見たら、あなたはどうしますか？

目が見えにくい人が出しているSOSを見かけたら、
あなたはどうしますか？

目が見えにくい人に声をかけるとき、
どうしたらよいでしょうか？

目が見えにくい人といっしょに外に出るとき、
どうしたらよいでしょうか？

目が見えにくい人といっしょに食事をするとき、
どうしたらよいでしょうか？

いっしょに考えてみましょう。

目が見えにくいと
食事もたいへん

介助者(かいじょしゃ)のいない
人ごみはこわい

こまったり不便なことが
ないようにするために、
だれかに付きそってもらうことが
必要になります。

こまったり不便なことが
ないようにするために、
だれかに、どこに、何があるか、を
教えてもらうことが
必要になります。

④ 街に出て調べてみよう

街の中のSOS

わたしたちがくらしている街のようすを
絵で示しています。
よく見て、
いっしょに話しあってみましょう。
実際に街に出て、
調べてみましょう。

街には
人や情報が
あふれている

街には、たくさんの人たちがくらしています。
街では、たくさんの人たちが働いています。
街には、自転車や自動車があふれています。
街には、たくさん障がい物があります。

●自転車は音でしかわからない

自転車や自動車が後ろから来たことを、
ベルやクラクションなどの
音で感じます。

自転車や自動車が後ろから来ても、
ベルやクラクションなどの音が
聞こえなかったらどうでしょうか？

街を歩いていると、
目が見えにくい人たちがこまることが
たくさんあります。

危険（きけん）な目にあうこともあります。

街を歩いていて、目が見えないと、
後ろからだれ（どんなもの）が
来ているかわからないからです。

チリンチリンと鳴らしながら
やってくる自転車に気づいても、
どの方角から来るのかがわかりません。

●自動車は音でしかわからない

●サイレンの方向がわからない

サイレンをならしてやってくる
パトカーや消防車が、
どの方向から来ているかも
わかりません。

とつぜん後ろから自転車や
自動車がやって来るのがわかったら、
どんなにびっくりすることでしょう。

点字ブロックの上に、ものが置かれていると、
どこに行けばよいのかがわからなくなります。

信号のあるところでしか、
こわくて道路をわたることができません。

●プラットホームでは気がぬけない

こんでいる電車やバスには、
こわくてのれません。

何も境のない電車のプラットホームは、
こわくて一人では利用できません。

●点字ブロックの上にものを置かない！

見えにくい人たちがこまっているのは、街の中だけではありません。
家の中で生活していても、こまることがたくさんあります。

たとえば、器（うつわ）がどこに置いてあるかが、
わかりません。器の中に、どのくらい
食べものが残っているのかがわかりません。
コップや茶わんに、どのくらい飲みものが
残っているのかがわかりません。
お風呂（ふろ）の水がいっぱいになっても、
気づかないことがあります。

わたしたちは、
どうしてあげたらよいでしょうか？
いっしょに考えてみましょう。

●コップがどこにあるかがわからない

⑤ 目が見えにくい人のSOSを体験してみよう

アイマスクとツエで歩いてみよう

目が見えにくいと、どんな不便なことがあるでしょう？
目が見えにくいと、どんなSOSを出しているでしょう？
目が見えにくい人のSOSを実際に体験してみましょう。

一人で（危(あぶ)なくない場所で）、
目をつぶって歩いてみましょう。
アイマスクをつけて歩いてみましょう。
アイマスクをつけながら、ツエをついて歩いてみましょう。

アイマスクをつけて歩いてみよう

だれかに付きそってもらい、
目をつぶって歩いてみましょう。
アイマスクをつけて歩いてみましょう。
アイマスクをつけながら、
ツエをついて歩いてみましょう。

体験したことを話しあってみよう

見えにくい体験をとおして、何を感じましたか？　こわくありませんでしたか？
見えにくい体験をとおして感じたことを、話しあってみましょう。

見えにくいと、どんなこまりごとや不便なことが出てくるでしょうか？
見えにくいと、どんなSOSを出しているでしょうか？

盲導犬にエサをやるなど、よけいなことをして、
見えにくい人をこまらせていませんか？
話しあってみましょう。

盲導犬は、
たいせつな
パートナー

えらいね
はい
ごほうび

こまるわ

やめてくれ
勤務中
なんだ

盲導犬に
かまうのは
やめよう

⑥ 目が見えにくい人の経験を聴(き)いてみよう

どうしていいかわからなくなることも

堀利和(ほりとしかず)さん（64さい）は、
強度の視覚障(しかくしょう)がい者で、ほとんど目が見えません。
堀さんは、NPO法人の副理事長や雑誌の編集委員(さっし)をしています。

いつも通りなれているところは、
点字ブロックや音響(おんきょう)信号などを利用して
一人で行き来できます。
しかし、なれていないところや
初めて行くところでは、
いつもとまどってしまいます。
自分が立っているところは、
どうなっているのか、
どの方向に進めばよいのか、が
わからないからです。

堀さんは、ほとんど目が見えない

初めてのる電車やバス、
初めて行った駅の階段(かいだん)や
トイレなどでは、
いつもSOSの状態に
なってしまいます。
だれかに聞いて
手を引いてもらわないと、
行きたいところに行けないからです。

東京駅や新宿駅など、
人がたくさん行き来している
ところでは、とくにこまります。
通りすぎる人がたくさんいるため、
だれに声をかけたらいいのか、
とまどってしまうからです。
声をかけても、
声をかけられた人が
地元の人とはかぎりません。
人が多く行き来している駅などでは
ことわられることが多く、
どうしていいか
わからなくなってしまいます。

国会で変わったこと

堀さんは、1989年から1995年まで、1998年から2004年までの計12年間、国会議員（参議院）をしていました。

議員活動を行うのもたいへんでした。

秘書（ひしょ）がついてくれるので、
移動はスムーズでした。

議員活動で一番多い会議や勉強会で、
とてもこまりました。
出されてくる文書や資料が多く、
点字文書が間にあいません。
耳から入る情報だけがたよりになりますが、
説明が早く、理解が追いついていかないのです。
お手上げでした。

●堀さんは、参議院議員をしていた

会議に出ている人がわからなかったことや、
どんな表情で話をしているのかがわからない、
というのもこまりました。
わたしたちは、相手の表情を読み取りながら話をしているからです。
相手がいやな表情をしていたら、
発言をひかえたり、別の表現に変えて話をすることがあるからです。

そのため、堀さんは、
かべに向かって話をしているようだった、と語ってくれました。

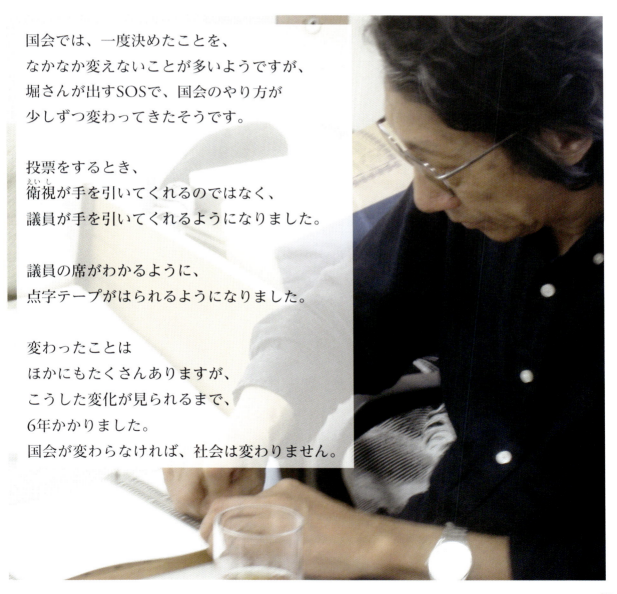

国会では、一度決めたことを、
なかなか変えないことが多いようですが、
堀さんが出すSOSで、国会のやり方が
少しずつ変わってきたそうです。

投票をするとき、
衛視(えいし)が手を引いてくれるのではなく、
議員が手を引いてくれるようになりました。

議員の席がわかるように、
点字テープがはられるようになりました。

変わったことは
ほかにもたくさんありますが、
こうした変化が見られるまで、
6年かかりました。
国会が変わらなければ、社会は変わりません。

家の中のSOS

国会は特別な場ですが、もっとも住みなれているはずの
家の中でも、たくさんのSOSを出しています。

●視覚障がい者用の時計
（はりや数字の位置がさわってわかる）

時計に音声機能がついていなければ、
時間はわかりません。
時計のはりをさわることができなければ、
時間はわかりません。
CDやDVDのデッキに
点字テープがはられていないと、
操作にとまどいます。

机の上などにいつも置いてあるもの
（たとえば、テレビのリモコン）
の位置が、少しズレているだけで、
わからなくなってしまいます。

●リモコンはいつも同じ場所に

●点字を読む堀さん

パソコンに多くの改良が加えられ、
とても便利になり、使いやすくなりました。
しかし、たえず新しい機能がつけ加わり、
とまどうことも多くなりました。
福祉機器は万能ではないのです。

まわりの人たちのちょっとした配慮こそが
もっとも必要なのです、と
堀さんは強調していました。

⑦ 目が見えにくい人も、社会参加を！

目が見えにくい人がこまらない社会をつくる

目が見えにくい人も
SOSを出しながら社会参加できるようにするためには、
どうしたらよいでしょうか？　いっしょに考えてみましょう。

目が見えにくい人は、
点字ブロックや点字案内板があると、
どこにでも行くことができます。

音で誘導(ゆうどう)してもらえば、
どこにでも行くことができます。

●点字ブロックがあれば、スムーズに歩ける

ガイドヘルパーや福祉(ふくし)タクシーを
利用することができれば、
家庭でも、学校でも、職場でも、
余暇(よか)活動でも、何でもできます。

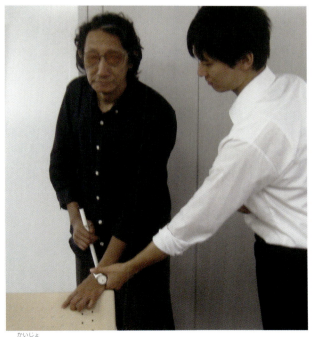
●介助者(かいじょ)がいれば安心

●点字のついたポスト

それでも、目が見えにくい人は、
だれかがいてくれないと
こまることが多いのです。

●音響装置付信号機

街の中に音による誘導装置があると、
どこにいるかがわかります。
どこにでも行くことができます。

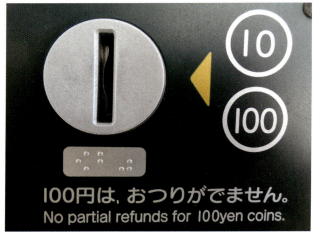

●点字のついた公衆電話

映画やテレビを見ているとき、
どんな場面かを説明してくれる人がいたら、
楽しく見ることができます。

街を歩いているとき、どこに何があるか、
どこをどのように歩いているか、を
伝えながら誘導してくれる人がいると
助かります。

東日本大震災でこまったこと

2011年3月11日の東日本大震災のことをおぼえているでしょうか？
東日本大震災のとき、目が見えにくい人は、とてもこまりました。
どこに行ったらよいのか、どう行ったらよいのかが、
わからなかったからです。

目が見えにくい人たちは、避難所がどこにあるのかわからず、
避難所に行くのがたいへんでした。避難所でもたいへんこまりました。
地震や津波が起こったときに使われる避難所に、
点字ブロックや点字案内板があると、
とても役立ちます。

避難所に誘導してくれる人がいると、
とても助かります。

●もしもの時は、避難所に誘導してあげよう

目が見えにくい人がこまっていたら、
どうしたらよいでしょうか？

目が見えにくい人がこまっていたら、
お手伝いしましょうか、と
気軽に声をかけてあげましょう。

8 目が見えにくい人に「役立つ情報」

街の中にある点字や音声案内

駅や公共の建ものには、目が見えにくい人のために、点字テープがはられ、音声案内などが流れてくるところがあります。

駅に行ってみてください。
きっぷの券売機のところを見てください。
点字テープがはってあるのがわかります。

駅のエレベーターに行ってみてください。
ボタンをおすところに、
点字テープがはってあるのがわかります。

●点字のついた券売機

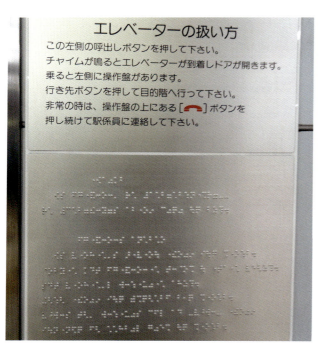
●点字のエレベーター案内

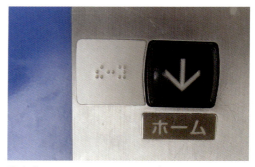
●点字のついたエレベーターボタン

学校や図書館など、
公共の建ものに行ってみてください。
案内板や階段の手すりに
点字テープがはってあるのが
わかります。

●点字のついた手すり　　　　　　　　　●点字運賃表

点字は、点字器を使ってつくります。点字は、目が見えにくい人たちの命です。

ワード文書は、パーソナル・コンピューターと点字印刷機を使えば、
点字の文書を取り出すことができます。とても便利な機械です。

音声を聞き、点字を読むことができる音声・点字携帯（けいたい）小型機器もあります。

このような機械が
できたことで、
目が見えにくい人たちの
世界が大きく広がりました。

点字図書館に行って、
実際に使ってみましょう。

目が見えにくい人たちには、
音声録音情報が役立ちます。
少し目が見える人には、
拡大読書器も役立ちます。

●点字器で点字をつくっているところ

点字ブロックは不可欠

街に出かけるときに役に立つのが、点字ブロックです。交差点やトイレの入口などでも音声案内が流れてくるところがあります。

道路はもちろん、
駅の構内や公共の建ものの中にも
点字ブロックがついています。
音声案内も流れています。

駅ホームには、危険防止用ドアも
設けられるようになりました。

だれもが使うトイレの入口にも
点字板が見られるようになりました。
音声案内が流れるトイレもあります。

●駅構内の点字ブロック

●危険防止用のホームドア

●点字のついた電車内トイレ

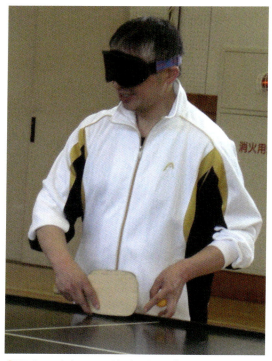
●アイマスクをつけて障がい者スポーツに参加

障がい者スポーツセンターに
行ってみてください。鈴風船サッカーや
鈴風船バレーボールなどができます。

あなたも、アイマスクをして、いっしょに
こうした遊びをやってみませんか？

❾ おわりに

点字や音声案内などはまだまだ足りない

目が見えにくい人が街(まち)でくらしていくためには、点字ブロックや音声案内などが必要です。でも、まだまだ足りないのです。

点字ブロックをもっと増やそう

街の中には、
点字ブロックや
点字案内板があります。
しかし、
まだまだ足りません。

街の中には、
音による誘導装置(ゆうどうそうち)もありますが、
まだまだ足りません。

盲導鈴(もうどうりん)

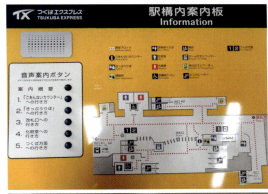

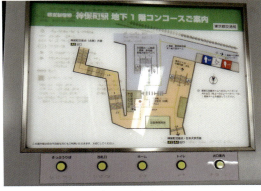

●点字と音声案内がついた案内板

ホームドアは
もっと
増やしたい

●移動式美容院

福祉車両なら
安心して
つかえる

移動式美容院を利用することもできます。
ガイドヘルパーや福祉タクシー（ふくし）を利用することもできます。

福祉機器が開発され、
目が見えにくい人たちにも役立つ便利なものが、
たくさん用意されるようになりました。
しかし、福祉機器は万能（ばんのう）ではありません。
障がいのある人たちには、
まわりの人たちの理解と思いやり、気づかい、
ちょっとした配慮（はいりょ）が欠かせないのです。
このことをわすれないでください。

●「おさけ」と点字で記したカン
（買いまちがい、飲みまちがいをふせぐ）

ユニバーサルな社会をつくろう

ユニバーサルな社会とは、
だれもが安心してくらせる社会のことです。
ユニバーサルな社会をいっしょにつくりませんか。

わたしたちの社会が、
目が見えにくい人も、ともに、安心して、幸せにくらせる
ユニバーサルな社会であることを願っています。

わたしたちは、だれもが、
あたりまえのことを、あたりまえにできる、
社会の一員として活動できることを願っています。

そして、わたしたちの世界が、人間としての
尊厳(そんげん)をもった社会であることを願っています。

目が見えにくい人たちも、
一人の人間として
尊厳をもってくらせる日が、
一日も早く来てくれることを願っています。

著者略歴
河東田 博（かとうだ・ひろし）

東京学芸大学特殊教育学科卒業。ストックホルム教育大学（現ストックホルム大学）大学院教育学研究科博士課程修了（Ph.D）。四国学院大学、徳島大学、立教大学教授を経て、現在、浦和大学総合福祉学部特任教授。専門はノーマライゼーション論・障害者福祉論。主な研究領域は、スウェーデンの障害者政策・脱施設化と地域生活支援・当事者参画。

主な著書に、『スウェーデンの知的しょうがい者とノーマライゼーション』（単著、現代書館、1992年）『ノーマライゼーション原理とは何か―人権と共生の原理の探求』（単著、現代書館、2009年）『ピープル・ファースト：当事者活動のてびき』（単訳、現代書館、2010年）『脱施設化と地域生活支援：スウェーデンと日本』（単著、現代書館、2013年）『自立と福祉―制度・臨床への学際的アプローチ』（編著、現代書館、2013年）『多元的共生社会の構想』（編著、現代書館、2014年）『入所施設だからこそ起きてしまった相模原障害者殺傷事件』（単著、現代書館、2018年）等がある。

執筆協力　　社会福祉法人 万葉の里 職員／元職員有志
　　　　　　亀山悠津子、小堺幸恵、佐々木美知子、田中陽一郎、津田和久、野村朋美、
　　　　　　樋代景子、宮川知誉子、村山 愛、安井麻莉、山田弘夫、渡邉淳子、和田朋子

本文デザイン　　川本 要
カバーデザイン　河東田 文
イラスト　　　　小島知子
イラスト彩色　　高橋利奈

知っておきたい障がいのある人のSOS ❸
見えにくい人のSOS

2015年5月25日　初版1刷発行
2019年8月 5 日　初版2刷発行

著者　　河東田 博
発行者　鈴木一行
発行所　株式会社ゆまに書房
　　　　〒101-0047 東京都千代田区内神田2-7-6　電話:03-5296-0491（代表）

印刷・製本　　藤原印刷株式会社
©Hiroshi Katoda 2015 Printed in Japan
ISBN978-4-8433-4591-7 C8336

落丁・乱丁本はお取替えします。定価はカバーに表示してあります。